BEI GRIN MACHT SICH IHR WISSEN BEZAHLT

AF173275

- Wir veröffentlichen Ihre Hausarbeit,
  Bachelor- und Masterarbeit

- Ihr eigenes eBook und Buch -
  weltweit in allen wichtigen Shops

- Verdienen Sie an jedem Verkauf

Jetzt bei www.GRIN.com hochladen und kostenlos publizieren

Sabine Neureiter

Tiefenpsychologie, Schamanismus und religiöses Erleben. Zu den altägyptischen Jenseitsbeschreibungen.

GRIN Verlag

Bibliografische Information der Deutschen Nationalbibliothek:

Die Deutsche Bibliothek verzeichnet diese Publikation in der Deutschen National-
bibliografie; detaillierte bibliografische Daten sind im Internet über http://dnb.d-
nb.de/ abrufbar.

Impressum:

Copyright © 2005 GRIN Verlag GmbH
Druck und Bindung: Books on Demand GmbH, Norderstedt Germany
ISBN: 978-3-656-50768-0

Dieses Buch bei GRIN:

http://www.grin.com/de/e-book/233588/tiefenpsychologie-schamanismus-und-
religioeses-erleben-zu-den-altaegyptischen

GRIN - Your knowledge has value

Der GRIN Verlag publiziert seit 1998 wissenschaftliche Arbeiten von Studenten, Hochschullehrern und anderen Akademikern als eBook und gedrucktes Buch. Die Verlagswebsite www.grin.com ist die ideale Plattform zur Veröffentlichung von Hausarbeiten, Abschlussarbeiten, wissenschaftlichen Aufsätzen, Dissertationen und Fachbüchern.

Besuchen Sie uns im Internet:

http://www.grin.com/

http://www.facebook.com/grincom

http://www.twitter.com/grin_com

Tiefenpsychologie, Schamanismus und religiöses Erleben - Zu den Jenseitsbeschreibungen altägyptischer Unterweltsliteratur

von

Sabine Neureiter, M.A.

Kiel, 2005 und 2013

Tiefenpsychologie, Schamanismus und religiöses Erleben - Zu den altägyptischen Jenseitsbeschreibungen

Vorbemerkung

Bei diesem Text handelt es sich um ergänzende Bemerkungen zu meinem Vortrag „Der Einstieg in die Unterwelt beginnt im Kopf. Zur Interpretation der altägyptischen Jenseitsliteratur", den ich bei der 37. Ständigen Ägyptologenkonferenz (SÄK) 2005 in Tübingen gehalten habe. Ich stelle nun auch diese Überlegungen zur Verfügung, damit sie vielleicht zu einer anderen als der altbekannten Betrachtungsweise der altägyptischen Jenseitsliteratur beitragen.

Einleitung

Woher stammt das wissen über das Jenseits? Wer sammelte die Informationen über die jenseitige Welt, in der der Verstorbene seinen Weg bis zu seiner Wiedergeburt durchschreiten musste?

Schamanen sind Wanderer zwischen dem Diesseits und dem Jenseits. Als Spezialisten für die Seele bewegen sie sich in dieser Funktion im Dienste ihrer Gemeinschaft in jenseitigen Bereichen. Es handelt sich bei diesen Reisen nicht um Träume. Es sind geistige Reisen, die im Extremfall zu außerkörperlichen Erfahrungen führen.

Wenn der Leser und die Leserin akzeptiert, dass bestimmte Menschen besondere geistige oder spirituelle Fähigkeiten besitzen und es ihnen aus diesem Grund gelingt, die grundsätzlich allen Menschen zur Verfügung stehenden psychischen Möglichkeiten auszuschöpfen, dann können wir auch heute noch einen Zugang finden zum Verständnis der altägyptischen Jenseitsbeschreibungen, wie wir sie in der Jenseitsliteratur in vielfältiger Weise vorfinden. Denn dann werden wir anerkennen müssen, dass die Beschreibungen der Jenseitsführer, wie sie zum Beispiel im Amduat, dem Pfortenbuch, dem Zweiwegebuch oder dem Höhlenbuch zu finden sind, im großen Stil den Darstellungen schamanischer Jenseitsreisen entsprechen. Viele Merkmale stimmen mit denen von schamanischen Jenseitsbeschreibungen überein, etwa der Eingang in die Unterwelt durch eine Höhle oder Felsspalte, die jenseitige Topographie, der Schrecken, den es zu besiegen gilt, die Hilfe durch Türsteher und Geister, die Suche nach dem Paradies und der Erleuchtung und letztendlich die Wiedergeburt.[1]

---

[1] S. dazu Joan Halifax, Die andere Wirklichkeit der Schamanen. Erfahrungsberichte von Magiern, Medizinmännern und Visionären, 1983

Tiefenpsychologie und Jenseitsbeschreibungen

Erik Hornung betrachtet die Jenseitsliteratur aus der tiefenpsychologischen Perspektive, weist aber ausdrücklich darauf hin, dass er in dieser Literatur keine „psychologischen Traktate" sieht. Es handle sich um das „Ergebnis einer Wissenschaft vom Jenseits, die sich zum Teil auf jahrtausendealte, intuitiv gewonnene Einsichten stützt, sie aber auch schöpferisch weiterentwickelt und nach Möglichkeit ... in eine systematische Form bringt".[2] Hornung spricht vom zeitlosen Unbewussten,[3] das sich in Träumen zu Wort melde und interpretiert die Jenseitsliteratur wie folgt: Der altägyptische Mensch meinte, seine Seele wäre während des Schlafens im Jenseits unterwegs. Das, was sie da erlebt habe, sei in Form der Jenseitsbeschreibungen festgehalten worden. Die Unterweltsliteratur beschreibe also aus altägyptischer Sicht das Jenseits, tatsächlich aber spiegle sie das Unbewusste. „Die Lebenden", so Erik Hornung, „können sich eigentlich mit der Welt der Toten nicht vertraut machen, und auch für die Ägypter war das Jenseits ein ‚anderes Reich, das die Menschen nicht kennen'. Aber an einer Stelle scheint ein Einstieg in jene Welt möglich zu sein: in der ‚Unterwelt' des Unbewußten in der menschlichen Seele, das uns mit dem Jenseits verbindet. Was die Unterweltsbücher der thebanischen Königsgräber beschreiben, sind Fahrten durch tiefste Räume der Seele, und auch das Totenbuch versucht in vielen seiner Sprüche, mit dem Licht der Sonne, des Tagesbewußtseins, in tiefste Schichten menschlicher Existenz hinabzuleuchten, elementare Wünsche, Ängste, Gefahren und Möglichkeiten aufzudecken oder namhaft zu machen. Hier wird Tiefenpsychologie in nahezu modernem Sinne betrieben, aber es werden zugleich Informationen über das Jenseits gesammelt und in Wort oder Bild mitgeteilt. Was von beiden vordergründig, was hintergründig ist, bleibt eine Frage des Standpunktes".[4]

Das „zeitlose Unbewusste", von dem Erik Hornung spricht, entspricht dem „kollektiven Unbewussten" C. G. Jungs, das sich in Träumen in Form von archetypischen Bildern zeigt. Archetypen sind Inhalte des kollektiven Unbewussten und entstammen überindividuellen Bereichen. Sie sind, so der Psychologe Anthony Stevens, „universale, identische Strukturen der Psyche": „Im wesentlichen verstand er [C. G. Jung] sie [die Archetypen] als angeborene neuropsychologische Zentren mit der Fähigkeit, allgemeine und für alle Menschen typische Verhaltensmuster und Erfahrungen auszulösen, zu steuern und miteinander in Verbindung zu setzen. Archetypen lösen bei gegebenem Anlaß in allen Menschen ähnliche Gedanken, Bilder, Gefühle, Ideen und Mythen aus, unabhängig von Klasse, Religion, Rasse, geographischer Lage und geschichtlicher Epoche".[5]

Die Idee des kollektiven Unbewussten könnte, so sollte man meinen, die Interpretation der altägyptischen Jenseitsbeschreibungen erleichtern, wenn man in ihnen archetypische Bilder erkennen möchte. Doch ganz so einfach ist es nicht, denn Archetypen haben keinen spezifischen Inhalt, sondern sind Möglichkeiten zum Erleben der Welt oder anders gesagt: Muster zur Reaktion auf bestimmte Ereignisse.

---

[2] Erik Hornung, Das Totenbuch der Ägypter, 1990, 26

[3] S. Erik Hornung, Die Nachtfahrt der Sonne. Eine altägyptische Beschreibung des Jenseits, 1998, 8

[4] Hornung, Totenbuch, 25f

[5] Anthony Stevens, Jung, 1999, 50

Archetypen manifestieren sich in Form von Komplexen im persönlichen Unbewussten der individuellen Psyche. Nicht der Archetypus zeigt sich in Träumen, sondern seine Symbole - und darin liegt die Schwierigkeit dieses Interpretationsansatzes. „Das Symbol stellt einen Versuch der unbewußten Psyche dar, ein Unbekanntes, das lediglich dunkel geahnt und erspürt werden kann, in dem Individuum nachvollziehbaren Bilder auszudrücken. Das Symbol ist nie ganz ausdeutbar, immer bleibt ein Rest Unerklärbares zurück. Das Symbol vereinigt unbewußtes und bewußtes Material".[6] Das heißt, dem träumenden Altägypter zeigte sich das Unbewusste in Bildern, die er verstehen konnte, die aber nicht auch uns verständlich sein müssen. Sie stammen aus seinem Alltag, seiner Weltsicht, seiner Lebensweise und seiner Kultur. „Wirksam werden können allgemeine Ideen ohnehin meist erst dann, wenn sie mit persönlichen Erfahrungen und Vorstellungen des Träumers in Beziehung treten. Archetypische Symbole stellen sich deshalb oft so dar, daß sie überhaupt dem Individuum annähernd faßbar zu werden vermögen, und das geschieht eben durch das Eintauchen der archetypischen Symbole in den Verstehenshorizont der Wachwirklichkeit des Träumers".[7]

Leider werden wir nie erfahren, ob unsere Deutungen der von uns als archetypisch betrachteten Symbole mit den altägyptischen Vorstellungen dieser Bilder übereinstimmen. Im Grunde können wir nur feststellen, dass es altägyptische Symbole gibt, die unserer Meinung nach einem bestimmten archetypischen Komplex zugewiesen werden könnten. Die Jenseitsbeschreibungen als Ganzes können aus dieser Sicht eigentlich nur interpretiert werden als Bilder, die bestimmte Archetypen wie Tod und Geburt symbolisieren.

Die analytische Psychologie unterscheidet kleine und große Träume. Kleine Träume beinhalten Material des persönlichen Unbewussten. Jeder Mensch träumt kleine Träume. Große Träume dagegen sind selten. Sie werden auch als archetypische Träume bezeichnet und stammen aus dem kollektiven Unbewussten: „In ihnen begegnet uns eine fremde Welt, die phantastisch anmutet und vergleichbar ist mit mythologischen Szenen und märchenhaften Darstellungen. Es treten Gestalten und Figuren auf, die es in der wachen Realität nicht gibt: Götter und Teufel, Hexen und Feen, Riesen und Zwerge, Zauberer und sprechende Tiere. Die Landschaft ist fremd und mutet wie verzaubert an. Ungeheuer durchqueren das Traumgeschehen und trachten uns nach dem Leben oder versperren uns den Weg. Menschen vollbringen Handlungen, die ans Wunderbare grenzen und gigantisch sind. Emotional ist der Träumer meist tief ergriffen, aufgewühlt, erschüttert oder selig und beglückt. Ein numinoses Etwas hat uns berührt und läßt uns erkennen: wir begegneten einer anderen Welt".[8]

Aufgezeichnete Träume aus Altägypten sind bekannt. Ihre Inhalte haben bis auf mythologische Anklänge nichts mit der Jenseitsliteratur zu tun, ob es sich nun um königliche Träume mit Offenbarungscharakter handelt oder um solche, die mittels Traumbuch oder Orakel gedeutet werden mussten. Es spricht alles dafür, dass wir es bei den Jenseitsbeschreibungen nicht mit schriftlich niedergelegten kleinen Träumen zu tun haben, sondern – wenn überhaupt – mit den Aufzeichnungen von großen Träumen.

6 Harre, Träume weisen dir den Weg. Praxis der Traumdeutung nach C. G. Jung, 1981, 36

7 Harre, Träume, 74

8 Harre, Träume, 72

Wenn wir also annehmen, es hätte im Alten Ägypten Menschen gegeben, deren Träume speziell zu Jenseitsliteratur verarbeitet worden wären, wer könnte das gewesen sein? Welche Menschen waren so besonders? Handelt es sich bei der Jenseitsliteratur um eine zusammenfassende Darstellung einer Traumserie oder um eine Auswahl von Traumbildern verschiedener Menschen verschiedener Zeiten?

Meiner Meinung nach handelt es sich bei den altägyptischen Jenseitsbeschreibungen nicht um die Niederlegung von Träumen, sondern um die Aufzeichnung von Jenseitsreisen, die von Schamanen der frühzeitlichen ober- und unterägyptischen Kulturen unternommen wurden. Nur Schamanen besitzen aufgrund ihrer Ausbildung und ihres Lebensweges die geistigen und spirituellen Möglichkeiten, solche Leistungen zu vollbringen.

Schamanismus und Jenseitsbeschreibungen

Die Schamanismusforschung liefert verschiedene Ansätze, dem Jenseitsglauben näher zu kommen. Sie wurden aber bis jetzt in der Ägyptologie nicht ernsthaft in Betracht gezogen. Einen meiner Meinung nach sehr guten Ansatz zum Verständnis der so genannten Bewusstseinszustände oder Bewusstseinsräume, in denen sich ein Schamane befinden kann, liefert der Ethnopsychologe Holger Kalweit.

Kalweit geht von einem „Geistkontinuum" unterschiedlicher Intensität aus. Er unterscheidet acht essentielle Lebensfaktoren, die sich entlang dieses Kontinuums intensivieren: Materie, Raum, Zeit, Bewegung, Empfindung, Gefühl, Denken und das Ich. Die Intensitätsstufen sind folgende: 1) Normalbewusstsein, 2) Emotion, 3) Superemotion, 4) außerkörperliche Erfahrung, 5) Nah-Todeserfahrung und 6) Geistfeld. Je nach Intensitätsstufe werden die Lebensfaktoren unterschiedlich erlebt. „Der Intensivierungsmechanismus besteht lediglich darin, die acht Lebensfaktoren immer weiter zu erhöhen, zu verschärfen, zu verlebendigen! Die scheinbar verschiedenen Bewußtseinszustände sind im Grunde nicht anderes als Intensivierungen des Normalbewußtseins auf verschiedenen Niveaus".[9]

Das Normalbewusstsein kennen wir aus dem Alltag, es kann gesteigert werden zur Emotion, die die Lebensfaktoren reicher und farbiger erleben lässt. Die Merkmale der Superemotion beschreibt Kalweit wie folgt: Der Raum wird größer oder kleiner, schwankt, wird plastisch. Die Zeit wird langsam oder schnell oder ist ganz abwesend. Die Bewegung wird langsamer oder schneller oder kommt zum Stillstand. Die Materie wird lebendig, wirkt wie ein Lebewesen, man kann mit ihr sprechen. Die Empfindungen werden supersensitiv, wir hören brillanter, sehen 360 Grad um uns herum oder schauen hinter die Dinge, erkennen ihre wahre Bedeutung. Die Gefühle dehnen sich aus zum Mitgefühl. Wir fühlen über Entfernung hinweg. Das Denken verschärft sich, wird glasklar, enorm schnell. Das Ich wird umfassender, bezieht alles in sich ein. Wir sind tendenziell alles. Bei weiterer Intensivierung kommt es zur außerkörperlichen Erfahrung, bei der sich das Bewusstsein außerhalb des materiellen Leibes befindet, die Lebensfaktoren werden enorm gesteigert erlebt, es kommt zu transpersonalen

---

[9] Holger Kalweit, Der Schamane im Kraftfeld von Geist, Energie und Natur, in: Amélie Schenk, Christian Rätsch (Hg.), Was Ist ein Schamane? Schamanen, Heiler, Medizinleute im Spiegel westlichen Denkens, Curare, Sonderband 13, 1999, 46

Erfahrungen. „Wir betreten die Dimension des Geisterreiches, der Hölle, der Unterwelt etc., bzw. des Projektionsfeldes der eigenen Psyche".[10] Bei der Nah-Todeserfahrung wird die materielle Dimension verlassen. Die Steigerung des Gefühls bedeutet hier, dass man es schließlich verliert. Nichtich, Nichtzeit, Nichtraum treten hervor. Die intensivste Bewusstseinstransformation, der Tod, führt in das Geistfeld, „das vermutlich in sich selbst ein weiteres Kontinuum enthält, in dem wir letztendlich unsere Individualität ganz verlieren, und eingemeindet werden ins universelle Hologramm, einen Zustand, den ich nenne: ‚Alles ist in Allem'… Alle physikalischen Konstanten verdichten sich zum einheitlichen Feld, werden eins, ebenso wie Denken, Fühlen, empfinden und unser Ich, sie schrumpfen zusammen zu einem Universalsinn, aus dem sie sich ursprünglich vielleicht herausdifferenziert haben".[11] Im Geistfeld befinden sich, so Kalweit, die Gefühle und Gedanken, die nach dem Tod in Form von Energie übrig bleiben - das kollektive Unbewusste nach C. G. Jung.[12]

Die von den Schamanen genutzten Transformationstechniken lassen sich auf wenige Grundprinzipien zurückführen: „Die wesentlichen Techniken sind Einsamkeit, Fasten, Konzentration, Monotonie, Entfernung vom normalen Weltgeschehen, Askese: Spezifischere Techniken gehen meistens mit Monotonie einher, mit Wiederholung von Handlungen bis zur Erschöpfung, wodurch die acht Lebensfaktoren intensiviert werden, aus Hören wird dann Hellhören, Tasten kann man über Entfernungen hinweg, wir sehen mit den Dingen ihre wahre Bedeutungen usw. … Diese Techniken nehmen sich bescheiden aus, je nach Dauer und Forcierung treiben sie einen jedoch zu einer höhern Stufe des Kontinuums empor."[13] Die meisten Menschen kommen nicht über die ersten beiden Intensitätsstufen hinaus, viele Schamanen schaffen es nur bis zur Superemotion. Die bedeutenden Schamanen sammeln Erfahrungen im Todesreich und transformieren ihr Bewusstsein bis zur Nah-Todeserfahrung.

Schamanen erleben und verstehen die jenseitige Welt und stellen ihre Erkenntnisse der Gemeinschaft zur Verfügung. Von ihnen stammen alle jenseitigen Informationen. Weil der Schamanismus aus dem offiziellen Kult verdrängt war, wurde es notwendig die Ergebnisse der schamanischen Seelenreisen schriftlich zu fixieren und den Verstorbenen in Form der Unterweltsliteratur als Hilfsmittel mit auf den Weg zu geben.

Religiöses Erleben

Den meisten von uns ist die Fähigkeit abhanden gekommen, das Religiöse zu erleben und dem Göttlichen zu begegnen. Den Grund dafür sieht die Anthropologin Felicitas Goodman vor allem darin, „daß in der westlichen Kultur im Laufe der historischen Entwicklung das unmittelbare sinnliche religiöse Erleben zu gunsten des Glaubens, also des theoretischen ‚Für-wahr-Haltens', in den Hintergrund gedrängt wurde". Sie meint, dass damit auch „das Wissen darum, daß es sich beim religiösen Erlebnis um ein Zusammenwirken zwischen psychologischen oder seelischen wie auch körperlichen Faktoren handelt", verloren gegangen

---

[10] Kalweit, Schamane im Kraftfeld, 46f

[11] Kalweit, Schamane im Kraftfeld, 47

[12] Kalweit, Schamane im Kraftfeld, 50

[13] Kalweit, Schamane im Kraftfeld, 48

ist.[14] In einem von Goodman initiierten Forschungsprojekt geht es darum, „frühgeschichtliche Überlieferung und religiöses Phänomen zu rekonstruieren und die damit verbundene psychosomatische Erlebnisdimension ohne Bezugnahme auf einen konfessionellen Rahmen oder auf irgendein Glaubenssystem nachvollziehbar zu machen".[15]

„Es handelt sich hierbei um die Wiederentdeckung eines fast völlig verschütteten Kulturgutes, nämlich des Geheimnisses bestimmter ritueller Körperhaltungen, die seit Jahrtausenden in der sogenannten primitiven Kunst dargestellt worden sind, deren Bedeutung den modernen Forschern aber unbekannt war. Im wesentlichen war die Entdeckung die, daß solche Körperhaltungen in sich geschlossene religiöse Rituale darstellen und daß sie in der Bewußtseinslage der religiösen Trance neu erstehen können. (…) Nimmt man also eine derartige rituelle Körperhaltung ein und fügt eine rhythmische Anregung (z.B. durch einen Rasselton) hinzu, dann verändert sich der Bewußtseinszustand in bemerkenswerter Weise: Es tritt die Trance ein, und das ursprüngliche Ritual ersteht zu neuem Leben, womit dann auch der Kontakt mit der anderen Wirklichkeit erlebnismäßig wiederhergestellt wird".[16] Gemeint ist also, dass bestimmte Körperhaltung eine „konkrete Brücke zum Erleben der anderen Wirklichkeit" bildet.[17]

In Indien veranschaulicht die Handgebärdensprache, Mudra, beim rituellen Tanz die Parallelen zwischen der Welt der Menschen und der der Götter. Ihre Symbolik erfasst das unsichtbare Göttliche. „Gebärden und Klänge sind eng miteinander verwandt. Wenn sie bestimmte Mantras begleiten - heilige verbale Formeln - oder Nadas - musikalische Laute -, die in einer vorgeschriebenen Weise wiederholt werden, können die passenden Mudras den Körper und den Geist zum Schwingen bringen. In diesem Zusammenhang besitzen Mudras magische Eigenschaften, die esoterisch genutzt zu einer nur Eingeweihten bekannten, geheimen Gebärdensprache werden können".[18] Hans Bonnet schreibt, dass nach einer Bemerkung Lucians Tänze den Ägyptern ein Mittel gewesen wären, um Geheimnisse der Religion zum Ausdruck zu bringen.[19] Bestimmte Körperhaltungen oder festgehaltene Bewegungen von in Gräbern und Tempeln abgebildeter Personen, die wir als einfache Tanzbewegungen interpretieren, könnten also ebenso gut auf codierte religiöse Rituale hinweisen.

Hinter diesem religiösen Erleben stehen körperliche Vorgänge, die zum Beispiel in phonetischen Labors analysiert wurden. Es lassen sich Sprechmuster erstellen über die Art und Weise wie etwas gesagt wird, in welchen Rhythmus und mit welcher Betonung. Es kann deutlich unterschieden werden zwischen den Mustern beim Reden im Normalbewusstsein, in Hypnose, im Schlaf oder in religiöser Trance. Felicitas Goodman kann daraus schließen, „daß der Mensch im religiösen Ritual, vorausgesetzt es gibt eine körperliche Anregung, immer in

---

14 Felicitas D. Goodman, Trance - der uralte Weg zum religiösen Erleben. Rituelle Körperhaltungen und ekstatische Erlebnisse, 1992, 9

15 Goodman, Trance, 9f

16 Goodman, Trance, 10

17 Goodman, Trance, 44

18 Savitry Naïr, Mudra: eine Gebärdensprache, in: Unesco-Kurier, Geheimnisvolle Harmonien, Rhythmen, Gebärden, Religionen, 9, 1993, 28f

19 Hans Bonnet, Reallexikon der ägyptischen Religionsgeschichte, 1971, 766

den gleichen Bewußtseinszustand versetzt wird, ganz gleich um welches religiöse Ritual es sich handelt und wo und bei welcher Gruppe es stattfindet".[20] Weitere Erkenntnisse brachten Untersuchungen der Gehirnströme. Zum Beispiel sind die Hirnstromvorgänge des Meditierens denen der Trance entgegengesetzt, weil es bei der Meditation um ein Ruhigstellen, bei der Trance um Erregung geht. Bei Menschen, die sich in religiöser Trance befinden, deuten die Ergebnisse einerseits auf eine lebensbedrohliche Krise hin, der Blutdruck sackt ab und gleichzeitig erhöht sich der Puls, wie beim Verbluten. Andererseits zeigt sich ein „paradoxer Erregungszustand", das Gehirn schüttet Beta-Endorphin aus: „Dieses Opiat ist schon lange bekannt, es ist die schmerzstillende Substanz, die der Körper selbst hervorbringt. Es kann aber auch ein überwältigendes Gefühl der Freude, eine Euphorie erzeugen, jene ‚Süße' des religiösen Erlebnisses, von der die deutschen Mystiker immer wieder berichteten. Alles in allem ergibt sich das Bild eines umwälzenden körperlichen Geschehens, das bei dem religiösen Erlebnis die biologische Grundlage darstellt und das mit dem visionären Erleben korreliert".[21]

Phonetische Untersuchungen, die Messung von Hirnströmen und das Vergleichen der Erlebnisse von Versuchspersonen, die eine bestimmte Körperhaltung bei gleichzeitiger rhythmischer Anregung eingenommen haben, zeigen, dass Trance-Erlebnisse möglich sind. Eine bestimmte Körperhaltung hat immer wieder ähnliche Erlebnisse zur Folge, weshalb Goodman zu dem Schluss kommt, dass diese Körperhaltungen jeweils ein spezifisches Ritual fixieren, dessen Sinn zum Leben erweckt werden kann. Das, was ersteht ist religiöses Erleben und Teilhabe am Göttlichen.

Schluss

Jan Assmann meint, die Informationen über die Unterwelt stammten schlicht aus der „Intuition und Imagination" der Menschen des Alten Ägyptens, sie seien „Wunschbilder der Seele".[22] Es sei die hoch entwickelte Sensibilität der alten Ägypter für die Welt der Toten gewesen, die „sie in eine unerschöpfliche Fülle kultureller Formen - Riten, Bilder, Texte und Bauformen - umzusetzen verstanden. Dafür haben wir jeden Sinn verloren. So wenig wie das Geheimnis spielt für uns die Welt der Toten eine Rolle. Uns fehlt dieses Sensorium für die andere Welt, das bei uns allenfalls noch in den subkulturellen Formen des Okkultismus, des Spiritismus und der Parapsychologie überwintert, subkulturell, weil es aus der Kultur verbannt ist".[23]

Eine schamanische Seelenreise schließt Assmann aus,[24] das kollektive Unbewusste, das Erik Hornung zur Klärung der Frage heranzieht, ist ihm zu psychologisch.[25]

---

20 Goodman, Trance, 17

21 Goodman, Trance, 23

22 Assmann, Tod und Jenseits im Alten Ägypten, 2001, 505

23 Assmann, Tod und Jenseits, 271

24 Jan Assmann, Theologie und Frömmigkeit einer frühen Hochkultur, 1984, 183

25 Assmann, Tod und Jenseits, 506

Uns fehle, so Assmann, das „Sensorium" für die jenseitige Seite des Lebens, anders als den Menschen des Alten Ägyptens. Das mag im Großen und Ganzen zutreffen, zumal in unserer materiell ausgerichteten westlichen Welt. Womit wir wieder beim Schamanismus wären. Denn in Kulturen, in denen Schamanen noch tätig sind, werden die Menschen zumindest als Beobachter auf die Jenseitsreise mitgenommen. In diesen Kulturen ergänzt die jenseitige Welt die diesseitige. Beide Welten gehören zusammen und können nicht getrennt voneinander gesehen werden. Die eine beeinflusst die andere: „Der schamanischen Reise in die Unterwelt - wie dem Orpheusmythos - begegnen wir in den Hochkulturen nur noch als Thema der überlieferten Epen und Mythen. In Stammeskulturen ist die Reise in die andere Welt jedoch noch lebendige, jederzeit erlebbare Alltagswirklichkeit, die jeder, wenn auch nur indirekt, bei einer schamanischen Séance, Beschwörung oder Zeremonie hautnah miterleben kann, wenn die Geister durch den Schamanen sprechen und ihre Kommentare über Zukunft, Gegenwart und die Dinge des Daseins abgeben. Der Mensch der Stammeskultur ist daher dem Tode und dem Todesreich näher als der Mensch der späten Zivilisationen, ja er steht philosophisch und existentiell an der Eingangspforte zur Jenseitswelt. In Kontakt mit dem Schattenland und im Zwiegespräch mit den Verstorbenen lebt durch die Vermittlung seines Schamanen auch er in zwei Erfahrungsbreichen. Auch er hat die Möglichkeit, Schamane zu werden und sich die andere Welt ganz zu erschließen".[26]

Schlussbemerkung

Wenn in der Ägyptologie anerkannt würde, dass das Alte Ägypten schamanische Wurzeln hat, dann müsste daraus automatisch eine Neuinterpretation eines Großteils der religiösen Erscheinungsformen folgen. Und diese Tatsache alleine ist Grund genug, diesen Gedanken nicht einmal zu wagen.

---

[26] Holger Kalweit, Die Welt der Schamanen. Traumzeit und innerer Raum, 1988, 24